AF583163

Antes que caiga el sol

Guzmán de Oro

ANTES QUE CAIGA EL SOL

Editado por: Corporación Ígneo, S.A.C.
para su sello editorial Ediquid
José Olaya 169, Ofic. 504, Miraflores. Lima, Perú
Primera edición, diciembre, 2024

ISBN: 978-612-5160-85-0
Tiraje: 50 ejemplares

Hecho el Depósito Legal en la Biblioteca Nacional del Perú N° 2024-10656
Se terminó de imprimir en diciembre del 2024 en:
ALEPH IMPRESIONES SRL
Jr. Risso Nro. 580 Lince, Lima

www.grupoigneo.com
contacto@grupoigneo.com | Teléfono: +51 955 071 270
Facebook: Grupo Ígneo | X: @editorialigneo | Instagram: @grupoigneo

Colección: Nuevas Voces

Contenido

Dedicatoria

Sin duda alguna, pongo lo mejor de mí en esta obra, producto de las circunstancias y de la lejanía con la tierra que me vio nacer, que me vio crecer, que anduvo y sufrió conmigo en medio de terribles momentos de la década de los ochenta, donde la discriminación y el olvido parecían un derecho inalienable; situación que conllevaba al sabor amargo de la derrota diaria, que para terceros les era indiferente o lo miraban de espaldas.

Cómo no recordar con nostalgia los pasos que todos los días daba para llegar al colegio, no sé; pero el ir y venir de la escuela es lo que más me gustaba de todo lo que tenía que ver con mi educación. Eso, acompañado con el curso de Educación Física, era para aplaudir o motivado por el desfile escolar, el pertenecer a la banda del colegio, como también alguna celebración cívica en el patio del mismo.

Pero el tiempo pasó y el colegio también, llegaba la hora de mirar las cosas como nunca las había visto, el pensar en mi futuro, en mi porvenir y, por supuesto, en la realidad de esa época. Haciendo seriamente un análisis introspectivo, me di cuenta de que estaba solo porque así me sentía aunque me encontrase acompañado.

De niño ya tenía algunos dones para la lírica, pues escribía desde la infancia y leer poemas de grandes líricos con cierta entonación, facultad que me valió para siempre ser el elegido para recitar poemas en las actividades del centro educativo donde estudiaba, no me imaginaba para nada que sería mi vocación más lúcida, sin saber que mi actividad oficial es la tecnología.

El estar dedicado a otra labor, pone de oficio mi amor por mi país al querer salir adelante, ya que en esa bella tierra llamada Perú, tengo presente a los de ayer, de hoy y del mañana. Por eso quiero dedicar este poemario a tres personajes importantes en mi vida. Mi bello Anthuan, mi linda Rafaela y mi tierna Janella, personajes de los que cada latido de mi corazón no hace más que pronunciar sus nombres y a los que, profundamente amo después de Dios, saben ellos que son mi mundo y mi respiración.

Agradezco a todos aquellos que colaboraron para hacer realidad este anhelo y prometo que no será la primera, ni la última de las ediciones, por lo cual espero que lo disfruten.

Soplos de aliento

Como pienso, como lloro, como espero
lo que tu voz dice darte la razón
cuyas palabras esbozas con esmero;
pero a mi me parte el corazón.

Como resisto el espolón de tu argumento
que penetra mi alma sin piedad alguna
no pensando en el dolor de mi lamento
aplastas mi ser a la cuenta de una.

Suena como un mal perdedor
mi queja por tu distanciamiento
que no quisiera a nadie a mi alrededor
lamentablemente es eso lo que siento.

Semeja a un corcel nervioso y lastimado
mi desordenado andar,sin són,poco sincero
al no aceptar que te fuiste de mi lado
como pienso,como lloro,como espero.

Despedida

Inseparables fuimos en su momento
por los juegos que se tuvieran
la sintonia del firmamento
que nuestros pléitos cotidianos eran.

Una puerta a la otra nos unia
unos pasos cerca para un saludo
la voz del lider que asumia
el mando del grupo a quien aludo.

Manuel,Miguel,Humberto,llamábamos a su puerta
para un encuentro a diario sin fín
la cita del grupo sin haber huerta
la imaginábamos como un jardín.

Hermosos años a los que otros se unieron
como Víctor y tambien Daniel;
pero en un tiempo marcado se fueron
cual dulzura convirtiéndose en hiel.

Se fueron todos a un nuevo destino
quedando el bárrio solo y sin amigos
pues adultos se hicieron y sin desatino
dejaron aquello atrás,el calor humano y los abrigos.

Me fuí también yo en busca de otro aire
con la esperanza de una dulce miel
no me dió el cámbio ningún desaire;
pero sin Víctor,sin Humberto,sin Daniel.

Clima desértico

Que solitária ciudad en esta tarde de lluvia
sin gente,sin bullício,sin autos que pasen al correr,
solo el apresurado andar de una delgada mujer rúbia
reflejan el camino que ahí pudiera aparecer.

Estacionados los vehículos sin movimiento alguno,
anda el canillita a la espera de algún transeunte alcanzar,
los juegos de los perros que al ladrar de uno en uno
despiertan la atención en cada dueño de hogar.

El frio se acentua en la humedecida calle de Abad,
no hay brillos de sol,que devuelvan la alegría
ni el canto de las aves que nos muestren su bondad
en esta hermosa ciudad que siempre preferiría.

Es contínua la soledad con el paso de las horas,
sin imaginar siquiera hasta cuando durará,
al no oir de los carros sus bocinas sonoras
la alegria de esta ciudad aún demorará.

La penosa tarde,que es como un largo manifiesto
que hacen del destino de la delgada mujer rúbia
una traba inusual,cuyo clima a dar está dispuesto,
de esta solitária ciudad en una tarde de llúvia.

De hermana a hermana

Reconociendo desde antes que llegaras al mundo,
deseaba que tu presencia no fuera posible;
pero tu nacimiento despertó un amor profundo
que el no tenerte cerca lo consideré inadmisible.

Basta recordar el tiempo que pasamos juntas
para anhelar que aquello se vuelva a repetir
respondiendonos siempre miles de preguntas
en donde no nos tengamos nada de que arrepentir.

Tengo en mi memoria los juegos de antaño;
las correrias que desplegábamos cada dia
definitivamente querida hermana,te extraño;
el no estar tu hoy conmigo me genera rebeldía.

Sabes que daria mi vida por volverte a ver
y compartir los pasatiempos inolvidables;
ya que los únicos,verdaderos responsables
no hicieron en verdad lo que tenian que hacer.

Hermana,no olvides nunca que si te amo;
ten presente que por nada te olvidaria
pues a pesar de las lagrimas que derramo
se sin lugar dudas que por ti,mi vida daría

Aunque nadie lo quiera

Mi desición tomada es solo una
sepanlo ya sin más reproche
pues anduve buscando fortuna
hasta llegar la estrellada noche.

Siento decirlo;pero jamás oiré
lo que me tiene en el desamparo
juro a Dios que desde hoy viviré
cuanta realidad por venir declaro.

No son mis ideas un desconsuelo
al justificar un mal desarraigo
tan solo tomo mi único vuelo
para prevenirme si me distraigo

Es poco entendible dicho argumento
que les expongo desde mi lado;
pero no quiero estar en detrimento
haciendome ver un niño mimado

Muy a pesar de las voces de afuera
comentando siempre de la nada
me casaré aunque nadie lo quiera
porque mi desición está tomada.

Súplica

Como quisiera al final encontrarte
cayendo la tarde a la orilla del mar
para frente a ti poder demostrarte
que te esperé a la salida del bulevar.

Escucha mis ruegos doncella mía,
no desampares aún mi amor filial
recuerda los dias que a ti alcudia
a nuestro encuentro particular.

No llenes mi corazón de amargura
pues un rechazo tuyo me afligirá,
manejemos la situación con cordura;
precipitar los hechos nos lastimará.

Charlemos buscando reconciliación
como la sabiduria de los sabios
sellemos por fín nuestra relación
con un tierno beso en los lábios.

Haz que mi súplica valga la pena
toma muy en cuenta mi pedido;
sentado en la playa sobre la arena
deseo que no me pases al olvido.

Rosita se llamaba

El sueño y el deseo no tenian rivalidad
unido al cariño que sentia la respetaba
mi dolido corazón le expresaba caridad
cuyo sin igual amor denodado la esperaba.

Su luz era brillante como el diamante caro
lo dulce de su rostro reflejaba ternura
el pensar que me amase seria bastante raro
ante el mundo,creia yo,que terrible locura.

Rosita se llamaba y hasta hoy la recuerdo
con su entonado andar como si hablaran sus pasos
que me hacia aplaudir,de con quien muchos concuerdo
verme siempre lejos,distante de sus brazos.

El escuchar su voz conmocionaba mi alma
era su sonrisa un detalle de fineza
porque ante su presencia no me hacia tener calma
petrificado en el tiempo contemplaba su belleza.

A lado de mi casa su humilde hogar se encontraba
tan cerca y tan distante,semejante a un desacuerdo
apurado en verla largas horas la esperaba
esta linda niña de quien enamorado estaba
Rosita se llamaba y hasta hoy la recuerdo.

Camello

No te sientas afligido por tu visual naturaleza,
fabuloso prémio para los líderes de antaño
alegraste la vida inusual de toda una realeza
transportando caravanas del desierto todo un año.

Sigues siendo inspiración de poetas y pintores
que no dejan de admirar aún,toda tu pasividad;
los lentos pasos son como los grandes amores
de una paciencia sin fin por la humilde caridad.

LLevas a niños y viejos en las arenas de desierto
ante un sol abrasador,atenuando un real esfuerzo
haciendo del horizonte,para ti un mundo incierto
sin notar el cansancio en el cual estás inmerso.

Solo una mirada fiel te dirá lo que en verdad siente,
eres bello,no lo olvides y no tienes similitudes
hermosa joroba que semeja a una gran pendiente
animal de tierras áridas,camello de grandes virtudes.

Nada que demostrar

No diviso nada en el horizonte
que refleje un anúncio de esperanza,
más la llegada de un polizonte
me hace de por si perder confianza.

Siento como si se perdiera la fe
ante la oscuridad de la noche;
pués ni el puro y amargo café
nos librará de algún reproche.

Todo anda mal en este lugar
y nádie quiere darle solución
buscan solo el provecho del mar
en cada cambio de estación.

Unos viven para sí mismos
y el oportunista se los permite,
quien observa el masoquismo
frustrada suena la voz que emite.

La llama anda siempre encendida
dentro y fuera del própio hogar
se encuentra el alma resentida
en este áspero y terrible lugar.

Muchos de ellos se van sin retorno
buscando siquiera que encontrar
ya que el abismo en este entorno
no hay nada bueno que demostrar.

Para no llorar

Son imágenes claras a mi alrededor
lo distingo todo sin mayor esfuerzo
que me hacen ver a un real perdedor
el poco sacrificio que en verdad ejerzo.

Lucharé creyendo que si vale la pena
el tener paciencia con lo inesperado
muy a mi pesar de la evidencia ajena
poder sin temor alcanzar lo deseado.

Se muestran a mis anhelos del corazón
pero en todo afán me llevan la delantera
dejándome aislado,solo con la razón
sin lograr mi objetivo de alguna manera.

Parece que mi suerte está predestinada
sin soslayar el dolor de un mal desconsuelo
ante una terrible idea,casi ensimismada
prefiriendo mi olvido mas allá del riachuelo.

Sé que mis palabras son poco entendidas
es una voz entristecida de la cual derramo
palabras de luz,como antorchas encendidas
gritando a todo pulmó que deveras la amo.

Donde estás

Se escucha a lo lejos el sonido del tambor,
llama la atención a los hombres del campo,
armoniosas melodias que distraen la labor
de los labradores en su indescifrable entrampo.

Parecen salidas de un profundo socavón
el distante sonar de sus templados cueros
entusiasmando a los asiduos granjeros
a la atención como si se tratara de un bufón.

Suenan en lo alto los tambores del lugar aquel
sin saber de donde viene y a dónde ventura irá;
pero si sé que el hombre de color aún sifrirá
al identificar el sonido con el de su negra piel.

Hermosas voces acompañan los cueros al sonar,
provocando sentimientos de tristeza y alegria
cuyas lágrimas transforman un inmenso mar
por el recuerdo vivido que la esclavitud envolvia.

Se escucha a lo lejos el sonido del tambor
junto a los hombres que expresan con pasión
la voz de los recuerdos marcados por su color
en tristes melodias convertidas en canción.

Paso serrano

Paso tras paso en la oscura noche
no iluminada en el arenal provinciano;
serranía en donde ni un solo coche
pasará recogiendo un pobre anciano.

Camina el sujeto lento por su fragilidad
ya que el pesado arenal lo intranquiliza;
pero aun así,ante su prápia pasividad
la oscura y vieja serrania no lo martiriza.

Sus botas se hunden en el débil terreno
por lo inapropiado de su suave suelo,
sabiendo el anciano que el paso sereno
aliviará del mismo su profundo desvelo.

Se van uniendo otros al largo camino
en compañia del delicado anciano.
Andan todos juntos bebiendo vino
para que el sacrifício no sea en vano.

Cruzando los montes de la serranía
se trasladan de a pie en la oscuridad
uno a lado del otro y en compañía;
todos motivados por la solidaridad.

Me pregunto a dónde va esa gente,
por qué acompañando al anciano,
por qué juntos,así tán derrepente,
por qué razón un pueblo provinciano.

Un fuerte grito

En mi silencio hay un fuerte grito
contenido en la profundidad del alma
que acompaña el melancálico rito,
sin tiempo para la ansiada calma.

No hay espacio ni derecho al llanto
Camuflo mi dura y amargada pena,
sollozando un minusválido quebranto
en la sombra reflejada sobre la arena.

Tantas ganas de decirles ya basta,
cuya pena enarbola un triste canto.
Prefiero en verdad someter a subasta
aquello que podria ser un espanto.

Busco a lo lejos una ida sin regreso,
un princípio a diario sin ocaso;
pero,ya en camino me siento preso
de la soledad bajo el cielorraso.

Sin duda tengo mucho que sanar,
pues,muy de cerca y sin ser un mito,
mis letras grabadas en el ancho mar,
lo digo y sin temor a desmayar,
oyen en mi silencio un fuerte grito.

«Cuando un niño sonríe, es porque los adultos estamos haciendo las cosas bien»

Sin cadenas

Negro del campo costero,
no levantes la vista todavía.
El sol golpea tu cuerpo entero
por el esfuerzo de cada dia.

Labriego de mil madrugadas,
familiarizado con el terreno,
al que conoce su temporada
sin ser de provecho ajeno.

Preocupado de la cosecha,
del tubérculo por sembrar;
procurando la unica brecha
a la que te has sabido acostumbrar.

Las tardes son un martirio
durante el intenso calor
y provocan en ti un delírio,
este fuerte sol abrasador.

No te apenes negro labriego,
pues tu tierra te pertenece;
antes el mundo estaba ciego;
sabes que ahora te lo mereces.

Observas hoy las duras faenas
del amplio terreno trabajado.
Aunque libre de las cadenas
vuestra labor no ha terminado.

Sin darnos cuenta

El tiempo pasa sin nisiquiera darnos cuenta,
como las horas sin aunciarse,ya se van.
Nuestra labor que casi nadie la comenta
se olvida pronto,como anúncios que se dan.

LLega la noche tan rapido,que deveras pienso
en los oscuros comentarios de algún joven realista
que,a pesar de su dureza,imaginó el comienzo
de la crítica poco inspirada de un comentarista.

Las notícias inésperadas vienen y van por doquier,
toman un tiempo determinado sin alcanzar rigidez.
El portavoz que,por casualidad,se llama Javier
nos da a conocer novedades con bastante timidez.

Los jóvenes creen que tienen mucho por vivir,
los adultos quieren alejarse de su responsabilidad,
los viejos desean volver a jóvenes para transmitir
que el camino es corto y lleno de amarga falsedad.

Más que un consejo,creo que es una advertencia,
porque hay quien al final de todo se lamenta,
pues ve su desenlace como una terrible sentencia,
ya que el tiempo pasa,sin siquiera darnos cuenta.

Declaración

No fue un primer impacto el conocerla;
pero sí,el que yo comenzara a sentir
un fuerte entusiasmo por siempre verla
rogando a Dios que no se vaya a arrepentir.

Siento sacar ventaja al ser el primero
en cortejarla,sin saber para nada el fín,
convencido de que la frase de un te quiero
la escuchará usted,celebrándose un festín.

El saberla cerca me anima con la ilusión
de poder alcanzar sus nobles sentimientos.
Tengo presente la firme disposición
de hacerle pasar inolvidables momentos.

Sé que no soy el sueño de un gran amor
ni el partido que algún dia deseaba;
pero encontrará en mi el verdadero valor
olvidándose de aquello que esperaba.

Solo una oprtunidad pido a su persona,
pués mi fidelidad usted de cerca vivirá.
encontrará en mi alguien quien razona,
totalmente seguro,que no se arrepentirá.

Indigente

Te asomas a aquello sin saber que encontrar
poniendo a tu espectador bajo su curiosidad,
como si quisieras a alguien poder demostrar
que vale la pena tu paciente minuciosidad.

Desaliñado aspecto;pero no estás enfermo.
Creencia de quien te observe casi a diario,
unido a los comentarios del amigo Guillermo.
Continuas tu labor sin importarte el vecindario.

La gente pasa sin darse cuenta del momento;
los autos corren con la acostumbrada prisa
mientras sigues en lo mismo,sin desaliento,
aunque algunos otros se mueran de la risa.

Pocas veces niños te acompañan en tu desafío,
siendo tú el maestro de su desdichado andar
y prestas poca atención a un acalorado lío
que entre pequeños infantes se pueda provocar.

Te vas con algo en mano y lo consideras bien
que tu labor,por hoy y ya de noche,ha terminado,
el duro sacrifício que está por fin recompensado
te lleva a casa a solo y a los niños también.

Payaso

Estás siempre listo para hacer reír,
para dar una alegria sin demorar.
Con su entrada se quieren divertir,
aunque tú sientas ganas de llorar.

No tienes tiempo para una lágrima
porque la prioridad no te aconseja.
La diversión de otro cubre tu lástima;
muy pronto,payaso,se cerrará la reja.

Todos saltan de alegría por doquier,
los dulces del recinto vienen y van.
Solo tú sabes que estás de alquiler.
Sonríe a la foto y al video:te grabarán.

Soportas el insulto de un mal educado,
la carcajada de un burlón que comenta
de qué manera el payaso es maltratado.
No esperes que alguien se arrepienta.

Se olvidarán de ti de un simple brinco,
aunque haya por ahí algún anonadado.
Se apagaron ya las luces del grán circo
por fin,payaso,la función ha terminado.

Te verás siempre lejos de querer corregir:
no es esa tu función,humilde payaso;
aunque andes de fracaso en fracaso,
mantente siempre listo para hacer reír.

Mi desordenado corazón

Sentado en el interior de la plaza de aquel ruedo,
hoy quiero decirle tantas cosas y no puedo.
Cosas que desbordan mis ideas en silencio,
que me cortan las palabras de quien reveréncio.

Estoy dispuesto a expresar mis sentimientos
decidido a jugármela por lo que mas quiero.
Calculando los días,las horas,los procedimientos
resuelvo a no atreverme;es lo que al final sugiero.

No obstante reconozco tu espera en mi declaración
y avizoro un si,como tu crucial respuesta;
pero la estúpida timidez me lleva a la resignación,
al ver cómo otros hacen de director de orquesta.

Pienso que mis deseos solo los conseguiré
sí verticalizo mi anhelo mas allá de la razón,
de lo contrário a pesar de todo siempre viviré
martirizando sin piedad mi desordenado corazón,

Mi patria querida

Jamás te olvidaré a pesar de la distancia,
serás siempre el recuerdo que para nada se olvida;
en cada suceso adquieres vital importancia,
pues nunca dejarás de ser mi pátria querida.

Extraño la prisa en el andar de su gente,
el ruido de los autos que van en mal estado,

el grito de un indivíduo que por ahí derrepente
se queja a los demás de haber sido asaltado.

Hecho mucho de menos aquellas tardes de llúvia
que nos hacia disfrutar la temporada invernal.
sentado solo en el sofá viendo a la niña que estudia,
pienso a ratos en la lejania de mi tierra natal,

Nunca dejo de visitar el lugar de mis amores,
el país del cual nací,al que le dedicaría mi vida;
de cuyos momentos guardo inolvidables valores;
ese es mi Perú amado.Esa es mi pátria querida.

Remedio a la ilusión

Ten presente,pequeño,que estás a punto de llegar.
Si supieras como mamá te espera con ilusión,
acondicionando el lecho donde pueda llegar
tu permanente estadia,colmando a todos de emoción.

Tu arribo con los tuyos alegra hasta al extraño
y causa grán felicidad y un extasiado fervor,
que mantendrá al mundo ocupado todo el año,
al haberte convertido en el invitado de honor.

Sabiendo que el compañero de casa se aproxima,
ni que decir de papá y su ardiente regocijo,
momento que lo hace sentirse en la cima,
al enterarse por sorpresa que va a tener un hijo.

Tu llegada al hogar no lo espera ni el rufián,
ya que hasta tu nombre fue algo anticipado,
pues ya para todos serás el niño mimado
y te enterarás muy pronto que te llamas Anthuán.

Siempre en el vacío

Diste un sí bajo el árbol de a cien,
en la soledad de mi triste agonia;
pero un no,tú sin mirar a quién,
muy en la cima de mi alegria..

FIngiste una figura de persona afable
y colmaste en ilusión dicha estadía
en cambio;pasé de una vida estable
a la mas triste y amarga rebeldia.

Siempre el vaivén de tus locas ideas
motivaban mi esperanza,todavia
pensando en un amor como sea,
a la espera de algo que jamás sería.

Ahora,sumido en el desconcierto,
agonizada veo mi triste vida;
pero,a pesar de este mundo incierto,
no lo tomes como una despedida.

Misterioso amor

Son esmeraldas las que deseo obsequiar
a la tierna mirada de un rostro en mente.
Deseo hacerlo a la orilla del inmenso mar
cortejando la dulzura de una ilusión presente.

Admiro su sonrisa,su elegante andar sin prisa,
su delicada voz que susurra con el suave viento;
admiro el contraste cuando le golpea la brisa
y sus lindos ojos azules,sin evitar lo que siento.

Espero el amanecer para decirle que la amo;
son frases de mistério que no me atreveré a expresar,
pues solo mi corazon conservará lo que clamo,
ya que mi sincero amor nunca logrará esbozar.

No tengo la esperanza de que sea para mí algún día.
Prefiero el anonimato de este absurdo sentimiento.
Sí,le cayó al mundo entero y deveras que no miento,
antes de atreverme a llegar a semejante osadia.

Pasos perdidos

Quién es ese cuyos pasos se oyen con lentitud?
Se escucha a lo lejos el pisar de sus tacones altos,
que parece que viene buscando aquella plenitud
de sus pisadas por la vereda,alejado del asfalto.

Causa curiosidad el compás de sus firmes tonadas
y provoca una mayor atención al sentirlo cerca.
No,no son pasos de alguna expresión desesperada,
sino la acentuada sensación que se asoma a la alberca.

Ya se oyen cerca los tacones del sujeto que se aproxima.
Camina lento,sí,como queriendo dar a notar sus pasos,
aletargando el movimiento como si estuviera en la cima
de lo imposible,en alcanzarlo para estrechar sus lazos.

Está aquí el desconocido.Luego de una larga espera,
haciendo de la oscura noche una espécie de quebranto,
sigue andando alrededor sin que nadie lo viera,
pues sus pasos son tan lentos que generan espanto.

Se oye una fuerte voz y un llamado a la puerta:
"Soy yo,Anselmo,tu padre que vuelve a casa".
"Somos tus hijos,papá,entiende lo que nos pasa".
"Tú que vuelves a casa,luego de mi madre muerta".

Polo sin tierra

Anda,Polo Sin Tierra,no te detengas más,
nádie impedirá tús pasos por el sonado bulevar;
solo tú conocerás los lugares que hoy verás
por los bellos senderos el cual voy a revelar.

Enfoca el punto visible al que te dirigirás
sin distracción alguna ve y sigue más allá.
Impetuoso,altivo e imponente vivirás;
cuya alforja sobre ti,nadie te la arriará.

Te quiero vencedor de toda ágil contienda.
Tu práctica incansable y firme te mantendrá
será de grán honor aquí en nuestra vivienda.
El aclamado triunfo que siempre se obtendrá.

Ve hermoso corcel llamado Polo Sin Tierra,
continúa con tus hazañas,las cuales yo enarbolo,
ya que en cada trofeo tu recorrido destierra
al caballo ganador que respeta el protocolo.

Sin entender apenas que,después de tanto esfuerzo,
mi agotado corredor,sabiendo que lo controlo,
piensa en su cuidado que hasta el dia de hoy ejerzo;
mi corcel,Polo Sin Tierra,se sigue sintiendo solo.

Irreal ilusión

Estuve cerca de mi deslumbrante gozo
sin que mi condición provocara indiferencia.
Mi sincero esfuerzo marcó tal reveréncia
que,a la luz,era verdaderamente hermoso.

Hice mi mayor esfuerzo por lograr el objetivo
con la nobleza de mi alma abrigaba la ilusión
del camino perfecto hacia lo definitivo;
dando pasos seguros con mi demostración.

De este singular proyecto yo buscaba lo mejor.
Acariciaba con ternura lo bueno de mi decisión,
deseando con fe un progreso no menor,
encontrándolo bello,camino a la evolución.

Miré aún de frente lo que me deparaba el destino,
ajustado a mis ideas,de lo anticuado que soy;
a pesar de las críticas galopando siempre voy
porque ,con o sin razón lo considere divino.

«Persevera no pensando en saber cuando llegarás, sino que tienes que llegar»

Grito en el silencio

Eres el despertar;camino a lo inesperado,
vas surcando rumbo sin mirar atrás
ante la mirada oculta de lo más preciado,
con un sonido sereno como el alcatraz.

Imponente y veloz para alcanzar tus metas,
sin que lo amargo o dulce se haga notar.
No dejas que alrededor se crucen maletas
porque la distracción te hará rebotar.

Un directo aluvión es el que recorres,
de dia o de noche,que al fín llegará.
En un momento dado,los tiempos socorres
camino al sur,al norte o al más allá.

Paraiso azul,piensan sin temor alguno,
mi querido trén sin ser subliminal,
cuyo pasajero que en dia de ayuno
espera con desvelo el destino final.

Manolito

Manolito,Manolito
bailarín y querendón,
anda triste;muy solito,
casi nunca respondón.

Aislado,piensa mucho
sentadito en un rincón;
flaco,tierno,aguilucho
para nada criticón.

Siempre solo,mira al cielo
buscando algo que perdió;
pensando en el abuelo,
que el destino lo eligió.

!Como va desaliñado,
entonando su canción,
sintiéndose emocionado
por su grán composición!.

LLega algo ataviado
al hogar que Dios le dió;
en un dia tan soleado,
el niño ya se decidió.

Mi querido manolito,
bailarín y querendón,
caminando tan solito,
¿quién te pedirá perdón?.

Águila

Siempre tus alas extendidas bajo el cielo azul;
tus ojos ven desde lo alto la terrible multitud.
Sientes aquella grán dicha con plena gratitud,
al no compartir ideas escondidas en un baul.

Alejado del bullício,vuelas con toda libertad,
distante de aquellos que se aman y se ódian al final.
Observas la civilización a espaldas de la lealtad
en una vida que el dinero tienta a la marginalidad.

Obras con prudéncia sin pensar en la maldad,
ya que el instinto de conservación te impulsa a actuar.
De no ser asi,caerias facilmente en la obviedad,
en la existéncia de un ser vivo nada particular.

Manejas la vida de tus alas a tu verdadero antojo.
Vives casi en los aires,contemplando la soledad.
Jamás notas en las alturas el murmurar de un enojo,
águila de cielo azul,perenne de su única verdad.

Vela de noche negra

Apaga la vela Fraicico,
baja el lamparín por favor,
no te llenarás de pavor
que la noche toma su brillo.

Dormir a oscuras es sencillo
en camas de negros que son
bailarines de danzón.
Si quieres?
pregunta al negro Porfírio.

Que a pesar de su delirio,
!como enamora a la Hortencia!,
negra que no hace preséncia
si no le traen su ron.

La del negro cimarrón
en su tienda de la esquina,
convertida hoy en cantina,
al vender tan muy barato.

De razón,de rato en rato
llegan del pueblo lejano
negros con den Bejarano
a beber de su cerveza.

A pesar de la pobreza,
esos negros cimarrones
desabrochan sus botones
y gastan de la cosecha.

Ya que no hay ninguna brecha,
que le estorbe algún caballo,
negros de abril y mayo,
cimarrones en la mesa.

Tiempo este de rareza,
vaya el calor de esta noche,
quieren darme hasta soroche
estos climas semanarios.

Basta ya de comentários
y de seguir dándole al pico.
Apaga la vela,Fraicico.
Apágala por favor.

Para sevirle a usted

Negrito de pie descalzo,
donde estaba usted,señor?
Se le quiere con fervor
en la hacienda de don Canto.

LLevará de tanto en tanto
a su señora,Paulina,
los mandados de Georgina
bella esposa del patrón.

En las cajas de cartón
depositará usted los enseres
sin olvidar sus deberes
que aplica con devoción.

Le transmito mi opinión
como manifestara mi suegro:
“no deje que ningún negro
le distraiga en su labor”.

Vaya por el corredor
y no se olvide la mula
que con cualquiera especula,
ese animal fantasioso.

Que para nada es ocioso
se lo dejo yo saber;
ella conoce su deber
en los albores del campo.

El mandado los engrámpo,
le recuerdo a usted,señor
se lo pido de favor:
un traslado cuidadoso.

No se haga usted famoso,
ya que al pequeño daño
se verá con don Buenaño,
primo hermano del patrón.

No le espante al ratón
que la mula es muy miedosa,
el consejo de mi esposa
es llevarla por la orilla.

Sin pisar la manzanilla,
por lo débil de esa planta,
ya ve que al negro le encanta
el buen sabor de su té.

Desde un princípio capté
que es usted muy servicial,
pues sin ser nada oficial,
es merecido su ensalzo.

Mi negro de pie descalzo,
vaya pegado a la red
diciendo siempre al patrón,
pues para servirle a usted.

Amada mía

Imaginaba acaso cosa sin igual
a mi acongojado corazón,amada mía?
Fue este un placer tan inusual
que corrieras por mi amor agún día.

No encuentro salida a mi tristeza
porque tu tiempo no me da la calma,
al tener por un momento la certeza
de haber ganado consuelo para el alma.

Sin atreverte amada mia a darme el sí,
me tienes a la espera de mil respuestas.
Con la promesa de tu afirmación,me atreví
a llevar por ti mi corazón a cuestas.

Que necesitas?,me pregunto;para decirte,
pues llegamos a una nueva primavera
enamorado y sin nada que pedirte.
Mi apasionado corazón sigue a la espera.

Te convertiste en la causa de mi desaliento
como el sonido de una triste melodía.
desatino mio ante tanto aspaviento
continuar por ti a la espera,amada mia.

A pesar de todo

Sujeto a mis ideas estoy
con la esperanza de un olvido,
que por doquier vengo y voy
apartando lo inconcebido.

Para nada deseo oir tu voz,
no quiero verte nunca más.
Distanciarse de alguien feroz
será lo mejor por demás.

No entiendo hoy tu interés,
el buscar contactarte conmigo.
A tu lado fue todo al revez
ahora quieres que sea tu amigo.

Fue la paz que por fín encontré,
poder estar lejos de tu lado.
Ya que hoy no me siento atado,
a própios y extraños demostré
que ya no estoy enamorado.

Burrito andante

Va el asno bajo las estrellas camino a casa.
Pastos sobre su ancho lomo se dejan ver.
La noche clara,de luna llena,mira que pasa
al domesticado cuyas orejas hacen mover.

El camino es ancho sin casas alrededor,
lo que hace libre el movimiento del animal,
procurando no distraer a ningún labrador
para llegar todos juntos al destino final.

Un grupo de cinco vigilamos su recorrido
divisando sus pasos por el sendero plano.
Aunque su lento andar fuese muy aburrido,
garantizará su llegada por el amplio llano.

Tu,nuestro asno transportista de alimentos,
burrito andante cabizbajo y bonachón,
dejas notar en ti los claros sentimientos,
debilitando hasta el mas enojado fortachón.

Don Rodrigo

¿Qué ha pasado hoy señor en las afueras?
Llegando a casa y se oyen gritos por doquier.
Por el diálogo,no son esas las maneras
de expresarse abruptamente del bachiller.

Su mascota lo recibe alegre en la entrada:
es el primero en saludarlo,al llegar usted.
Continúa en la calle el bullício de la manada,
cuya gente alterada es agotada por la sed.

Sube a su habitación y saluda a su esposa,
recorre los cuartos de los chicos que son tres,
el pequeño tras de usted le pregunta en prosa:
qué hay afuera que se oye una y otra vez?.

Don Rodrigo,no lo sabe,pero si el bachiller
a él increparon como responsable que fue
de la querella de afuera,al parecer sin querer;
este responde al patrón:"la verdad no lo sé".

Continua el bullício y el escándalo en la calles,
el mistério permanece en casa del patrón.
Sacan sus conclusiones y,a pesar de los detalles,
Don Rodrigo,continua con su interrogación.

Llega un funcionário,colaborador del Señor,
felicitando a don Rodrigo por su grán elección.
Llegan otros a casa,que sin mayor temor
confirman el triunfo desplegando devoción.

Se convierte la sala en lugar de celebración,
de brindis,bocados y halagos de tal manera,
de un momento a otro colma la emoción;
pero el patrón se pregunta:qué pasa allá afuera?
que no dejan disfrutar de mi grán elección.

Ha llegado ya

Ha llegado ya.Tengan cuidado,por favor,
no dejen que se aleje más allá de su visión.
Permanezcan atentos sin generarle pavor,
procurando siempre vigilar su expresión.

Llegó en brazos de mamá,siendo lo primero
que vino a nuestra mente y agitado corazón.
El deseo desbordante de decirle "te quiero"
al dulce tesoro amado por alguna razón.

Nos ha cambiado la vida sin lugar a duda.
Moviendo el horário que cada uno procura
atender a tiempo a la apariencia desnuda
de la invitada de honor que produce ternura.

Llevamos nuestra vida a un nuevo amanecer,
como el buen vino de agradable sabor
hacernos sentir por ella un inmenso placer;
pues ha llegado ya,tengan cuidado por favor.

Eres lo que yo mas quiero

El ladrido de un perro tan cercano al sonido del viento,
el cantar de un gallo que se escucha muy al oído,
el fragor de las olas desbordantes hacia el único aliento,
ambiente avasallador que no me hace sentir querido.

Coordino mis ideas con el deseo de un grán final,
lo planifico todo pensando en el despertar;
pues,no obstante mi esfuerzo,cada cosa me sale mal
y me obliga sin dilación a la opción por desertar.

Sigo adelante,paso tras paso,pero mirando hacia atrás
la duda me mata y ni siquiera me deja pensar
en aquella cuesta arriba que me impide cada dia más
mi intento por el retorno,aunque no quiera regresar.

La vuelta es dura y cruel para hacerte convencer
de mi arrepentimiento,que es de veras sincero.
Seguiré batallando hasta el fin de cada anochecer
para demostrarte mujer que eres lo que yo mas quiero.

San Cosme

De ti hablaron a usanza poetas y escritores
como un alto relieve que se dejaba notar
de costumbres ancestrales,derrochas valores
diciendole al mundo que no hay nada que ocultar.

Es imposible pasar sin mirar hacia arriba
desde el auto,caminando,como sea,es igual;
de noche o de dia,hacen de la línea cursiva
la inspiración profunda de algo muy especial.

A pesar de lo curioso de la cámara y su lente,
que los hace tan unidos sin pensar mirar atrás.
Por sobretodas las cosa está el amor de su gente,
de un cerro,ya lo sé y qué le importa a los demás.

Suben y bajan a prisa con tamaña agilidad,
que hacen de la rutina la vida del alfarero
animando a sus vecinos;lo relata un caballero
del querido San Cosme,lleno de dignidad.

Después de las nada

Son incontables las horas que me mantengo sentado
imaginando a la deriva lo que podria escribir.
Busco el momento de algo que hubiera pensado
que apareceria en mi mente como un pasado vivir.

Pienso en los dias de antaño,de mi infáncia sutil,
de los amigos del bárrio,de encuentros contínuos,
emocionados sucesos,cuyos hechos ambíguos
se acomodan mis recuerdos al contexto infantil.

Será mañana,decia Humberto,lo planeado hoy,
cuya práctica al libreto guardaba discreción.
Dispuestos durante el dia,antes de decir me voy
que el ensayo del grupo tenia mucha convicción.

Así andamos por doquier con los amigos a diario,
preguntando el uno al otro, y, ya por última vez.
El cumplir con el plán fue un deseo del vecindario
para llevarlo a cabo al fin,sin esperar la vejez.

«No hay tiempo mejor para haber nacido si queremos
ver el rostro de Dios»

Mi oscuridad de antaño

Te instalaste al sur de la estruendosa capital
para derrochar amores,alegrias y tristezas.
Sus niños de color visitaban a la nobleza
de los queridos abuelos,cada año normal.

Era de grán alegria disfrutar de la província
en sus casas de adobe y el salitre del corral.
Cada palabra que dábamos era como una carícia
que hoy lo recuerdo como un bello memorial.

Nos divertia el viento,el polvo,el água del barril
sin pensar en la horas que habrian de pasar.
No teniamos en cuenta la llegada de abril;
eran nuestras vacaciones y las debiamos tomar.

Las tardes en la acera sacábamos nuestras sillas
junto con los abuelos para observar el atardecer,
el pasar los autos,niños;siendo muchas maravillas
en las que jugábamos juntos hasta el anochecer.

Eran las noches oscuras de la provincia del sur,
porque en calles y viviendas no habia electricidad;
pero a pesar de ello no nos parecia un tafur,
ya que en los hogares no imperaba la maldad.

Esos recuerdos hermosos de la provincia del sur;
cuya lejania define el color de mis ancestros
donde jamás compré un helado,cereal o algún yogur;
sin embargo los viejos fueron muy buenos maestros.

A prisa

Se hace todo rápido en la ciudad
laberinto de gente que viene y va;
jóvenes y viejos,sin importar la edad,
andan ignorando cómo les irá.

Caminan rumbo al empleo,unos
y se dirigen otros a la universidad;
muchos se suben al bus en ayuno
viendo manos estiradas por caridad.

Esperanzadas las tiendas de alimentos
abren sus puertas a la privada clientela.
El transeunte,luego de un momento,
visita el recinto como un centinela.

Así llega la noche y continúa la prisa
de esta loca y vertiginosa realidad,
no habiendo un espació para la risa,
ya que a lo lejos aún de noche se divisa
que todo se hace rápido en la ciudad.

La noche

Son las olas del mar que vienen y van;
son los árboles del bosque que no tienen voz;
son mis descansos profundos sobre el diván
el inalcanzable viento siendo tan veloz.

La noche tan larga sigue estrellada;
los autos y sus luces iluminan la ciudad;
las manos que se estiran por caridad;
y yo sigo andando en medio de la nada.

Los puestos de confite en espera del gorrión
vendedor solitário,como pidiendo el favor
a que alguien se le acerque como un chirrión
quitándole el susto aquella noche de pavor.

Curiosa la noche,que no es como las otras
aunque iluminada y con gente;pero silenciosa
el paso de las damas que las llaman vosotras.
Resplandece la noche y la hace preciosa.

Paraíso cruel

Fue una noche de verano,a unas horas de despegar
en un vuelo tan lejano sin saber que iba a encontrar.
Maravillas que me hablaron del destino al que arribaba;
yo no sé qué es lo que hallaron;no obstante,sobre el estaba.

Mi llegada fue normal,como si de comprar volviera
a este país inusual que dudo si aún lo quiera.
Una América del Norte donde todo parece práctico,
por encontrar algún conforte y del lado al quiropráctico.

Admiro sus maravillas;pero todo es material
sentadito en una sila:contemplo lo que es banal.
no digo que me engañaron o contaron fantasias,
ya quienes antes llegaron quisieron ver la luz del dia.

Apropiado fue el camino que tomé al decidirme,
al optar con poco aliento por este frio inhumano;
fue la unica verdad que nadie se atrevió a decirme
y hoy extraño mi tierra como un verdadero peruano.

Tiempo sin fin

Es desolado el camino que recorro,
golpeando la briza a la orilla del mar:
temeroso voy pidiendo socorro
del gélido frio que me quiere desarmar.

Ajusto mis ideas a un tiempo infinito,
sin saber siquiera qué tendré que hallar,
pues ante mi curiosidad aún me limito.
Mi corazonada me dice que voy a fallar.

Pero nécio que soy continuo en lo mismo,
a pesar de mi suerte ardo en terquedad,
sabiendo que pronto caeré al abismo,
enfrentándome a lo único,que es vanidad.

No encuentro razón para mi destino,
ya que sigo adelante sin desmayar.
El dia de hoy ando buscando el camino
qué,quiera Dios,algún dia pueda soslayar.

Desafortunado de mi,iluso peregrino
que se desplaza solo sin una mirada
ante el laberinto de un cruel remolino.
Termino en soledad mi triste jornada.

Vecindario

Corre el tiempo a prisa sin esperar.
Las horas se unen al calor que llega.
Miro la noche rodar como una esfera.
Imagino remar a quien no navega.

Silba el viento una soleada tarde.
Al paso del trén,con su habitual sonido,
ladran los perros la huida de un cobarde.
Parten las aves en busca de su nido.

Es tan normal el bullício de la gente
que motiva tomarse algún descanso
para despeiar con libertad mi mente
acostado a la orilla de un remanso.

Se oye el saludo de un casual vecino,
el acalorado juego de los niños,
un anciano al bastón en su camino,
la madre a su hijo expresando cariño.

Los viejos autos pasan sin temor
levantando polvo en el vecindario
sin dejar de escuchar un rumor
de quienes andan curioseando a diario.

Las palabras del gentio van y vienen
con la muchedumbre de aquel mercado
buscando pacientes,lo que aún no tienen
para sumarlo a lo que falta del recado.

Los dias en el agitado pueblo pasan,
los tiempos fluyen con la amargura;
vuelven a empezar los que fracasan,
andando por fin con cierta cordura.

Observando los años de su vida,
la esperánza de lo que genera,
sabiendo de hecho que hay una salida,
pues corre el tiempo a prisa sin espera.

Gallito de mi corral

Gallo,gallito cantor,
siempre listo en el corral
para convertirse en autor
de un nuevo tema local
que,de forma coloquial,
le comento con esmero,
lo que siempre de usted espero,
gallito de mi corral.

Toda madrugada se escucha
su armoniosa melodia,
que levanta a doña Lucha
a comprar el pan del dia,
quien con desbordante alegria
alienta a los otros gallos
a acompañar el recurso
que desde ahora detallo.

Le recuerdo a mi buen gallo,
que lo sigue una manada
y le presta su atención
aquí en plena madrugada,
pues su nota es esperada
por colegas del vecindário
que por doquier le persiguen
su aguda voz oida a diário.

Respetándo el calendário,
los que van de tranco en tranco
mencionan ya casi a diario
de usted como un tiro al blanco,
viendo de forma conciensuda
como su cocorocó desnuda
al viejo despertador,
ya que su presencia escuda
lo que es revelador.

Se oye por el corredor
y no está tan nada mal
que se sienta usted admirado
gallito de mi corral.

Los patos del matorral
cuchichean su autoria,
comentando en secreto
su armoniosa melodia,
pues en plena luz del dia
se oye decir del pavo,
de los pollos y gallinas
que lo ven un gallo bravo
desde todas las colinas.

Conservadas remolinas
del criadero de animales,
a pesar de tantos males
hoy lo vamos a esperar,
le aconsejo continuar;
pues no es molestia su proceder;
aunque pueda parecer
un alarido fugaz,
siga cantando nomás,
gallito de mi corral.

El otro Pamplona

Saber lo que significa ser el pueblo olvidado;
mirado de espaldas,sin reconocimiento alguno
rara vez comentado por alguien que motivado
termina al final de todo siendo un inoportuno.

Andas pensativo,sujeto a tus propios temores
sin intentar siquiera poder con esfuerzo mirar
donde será que se encuentran los mas caros errores
que ha provocado al mundo hacernos ignorar.

Nadie habla de tus cerros,tu arenal o tus terrenos,
de tus casas de madera que allí todavia están
tampoco nádie comenta lo que algún dia seremos
en este rincón del mundo,pues no nos esperarán.

Te encuentras dividido en dos por ironía del destino
alta y baja dices que son,para no poderse encontrar
no obstante la fuerte voz de un pequeño peregrino
se hace de lo más sencillo tenerse que separar.

De criaderos de cerdos hablaban,cerca del muladar
en la pamplona alta decian,aunque te parezca mal;
pero los viejos de ayer jamás pensaron amalgamar,
aves sin nido,plantas y flores con el eterno basural.

Los que hoy no te suelen tener un grán dilema,
rincón lejano,sin futuro,poco o nada mencionado
alguna noticia que vende ensalzará todo un tema
Pamplona,a pesar de aquello,es un pueblo olvidado.

A la orilla del mar

Las aves aparecen a la orilla del mar
con su lenguaje suave,dulce y colorido,
haciendo comentários de todo lo vivido,
no dejándose por nadie alrededor notar.

Dialogan cabizbajas tu abandono
a este ilusionado servidor;tu singular retoño
que camina por las playas en otoño
sin saber siquiera hacia donde va.

Imagino el triste llanto de las aves
con su agudizada melodia del encanto
que provoca en mí un rápido quebranto
los recuerdos de este desdichado amor.

Hoy la soledad es mi fiel compañera,
a quien le cuento con tanta amargura
tu delicadeza plena,llena de ternura,
que me causa hoy un profundo dolor.

No encuentro nada que me de alegria,
como las noches de tiernas emociones
dándome inimaginables convicciones
del por qué Dios me dio una triste vida.

Siento aveces mi sombra escondida
no queriendo observar de cerca mi lamento
porque sé que llora por todo lo que siento
al Igual que las aves,sin dejarse notar.

Ya muy pronto pasará el desconsuelo,
pues por ahora conservo en mi memoria,
lo que algún dia me apartó de la glória
y me tiene cabizbajo a la orilla del mar.

Sin dudar

Solo una palabra tuya será suficiente
un movimiento de tus brazos sugiero
tus pensamientos leerán mi mente
pues sin dudar dirán que te quiero.

Aunque parezca lejano mi dulce deseo
siendo para algunos un cosa tan rara
no perderé la ilusión,si por fin te veo
expresarte mis sentimientos a la cara.

Aceleras mi corazón con tu sonrisa
paralizas mi alma que a Dios pertenece
entumeces mi piel,la cual se eriza
al pensar si deveras se lo merece.

No soy el único,cuyo rostro angelical
contemplado por própios y extraños
admiran las maravillas del vendaval
de belleza,desde hace algunos años.

Suspiro al verte lentamente pasar
enmudezco si me haces una plática
pienso,como mis palabras afianzar
evitando que notes una voz errática.

Hasta aquí mi desolador testimónio
sin ser en verdad lo que prefiero;
pero apartaré al tentador demónio
para atreverme a decirte que te quiero.

«¿Lucha contra él no se puede y,
sabes qué?, véncelo»

Lecturas recomendadas

No es de amor
(Marianela Arnaud Ramos)

De la vida, amando y filosofando
(Douglas Moisés Acosta Pozos)

Sonrojada sinfonía
(Pilar Mendieta Paredes)

El alma en palabras: 150 ensayos que se plasman en emociones y sentimientos
(Frank Valentin Lizaraso Caparó)

www.ingramcontent.com/pod-product-compliance
Lightning Source LLC
LaVergne TN
LVHW091229150826
845673LV00003B/1067

* 9 7 8 6 1 2 5 1 6 0 8 5 0 *